JN409957

임의 미소가 햇살에 남아서

임의 미소가 햇살에 남아서

이 일 문　네 번째 시집

그림과책

시인의 말

눈 뜨면 수평선 너머 끝없는 먼 바다 해 질 녘 노을빛에 밀려간 돛단배 하나 철썩이는 부둣가에 선 섬 소년은 목이 메도록 아버지를 부른다.

파도가 밀려가듯 휩쓸려 간 나의 자아를 찾아서 산업 현장 어딘가에 울림의 너울이 밀려들어 문학의 소용돌이 숲에 인연 맺어 나의 영혼 깊이 담는다.

한 조각 쇠붙이가 모여 넓은 세상 밖 세계를 넘어 지구를 수 바퀴 돌 듯 치열했던 사십여 년 그 추억 아쉬움 여운을 접어두고 영혼의 바람으로 매서운 강가에 서서 또 한 번의 영혼을 토하듯 두려움과 설렘 마음으로 한 권의 시집을 저 하늘 별 숲에 띄운다.

고뇌에 찬 어느 노동자처럼 계절 앞에 놓여 있는 숲속 나무 위에 앉은 새의 날갯짓처럼 이제 훨훨 날아 자유로운 세상 밖 저 하늘별과 친구 하여 날아 보렵니다.

2017년 11월

이 일 문

1부

2부

3부

4부

5부

1

보름달이 떠오를 때면 고향 산천이 생각이
난다 가슴 속 은은히 비춰 주셨던 어머니
는 제 삶의 등불이 되었지요

어머니

보름달이 떠오를 때면 고향 산천이 생각이 난다 가슴 속 은은히 비춰 주셨던 어머니는 제 삶의 등불이 되었지요

가을바람에 파도가 흔들리듯 저 또한 좌절감에 흔들릴 때면 뒤뜰에 가녀린 감나무 가지 익지 않은 열매가 푸른 이유를 비유하시던 어머니 그 험한 길 스스로 깨우쳐 주셨습니다

넓은 바다같이 지혜롭고 배려심이 산이었고 강인한 정신은 제 삶의 등불이었던 어머니
이 세상 다 하는 날까지 전설처럼 영원히 제 안에 살아 계십니다

어머니 큰 사랑

어머니 하늘나라 그 먼 길 외롭게 홀로 가셨지요 그날
쏟아져 내린 눈물이 이제 메말랐습니다

한 서린 세상 눈물 보이지 않으셨던 어머니 흔한 푸념
한마디 없이 언제나 토닥여 주신 어머니 생명줄도 마다
하셨지요

한평생 자식 위해 헌신적 삶 마지막 최소한의 짐도 마
다하시고 산천초목도 울고 이 아들은 통곡하였습니다

어머니 큰 사랑 날이 가고 달이 가고 해가 저물어갈 수
록 깊어만 가고 제 삶에 밑거름이 되었습니다
어머니 사랑합니다

어머니의 그 은혜 알 듯한데

어머니와 걸었던 지난날 돌아보니 그 흔적이 남아서 아련한 추억이 됩니다

자식 위해 고난의 십자가 밤낮 지고 그 먼 길 외롭게 걷고 걸었지요

설움 많은 세상 자식들 힘겨워할 때도 눈빛 마주쳐 주시고 험한 길 서럽게도 홀로 걷고 걸었지요

오직 자식 위해 눈물로 밥을 삶고 살아오신 어머니 이제사 이 아들딸은 그 은혜 알 듯한데 그 먼 길 떠난 후였습니다
어머니 사랑합니다

어머니 옛 체취가 남아서

하늘빛 닿는 곳마다 어머니와 추억이 서려 있는 들국화 향기 피어나는 고향 언덕길

봄볕에 걸었던 사랑 향기에 그리움이 사무치는 돌담길에 서서

바람 한 잎 스친 버들잎 나부낄 때면 어머니 옛 체취가 남아서 포근한 둥지가 됩니다

흙내음이 일렁이다 부서지는 하이얀 파도 위에 그리움 실어서

내 마음 떠돌다가 어머니 돌아갑니다 어머니 사랑합니다

어버이 사랑

사랑했던 부모님 빈 자리가 그리워질 때면 공허함이 가슴에 메어든다

청춘에 날개를 달고 불도저처럼 일만 하는 아들딸 의지해준 부모님은 기다려 주지 않았다

슬픈 가슴 안고 목이 메도록 불러보고 불러봐도 허공엔 메아리뿐 세월 속 잊혀 갑니다

나의 벗이여 긴 풍랑에도 오직 자식 위해 눈물로 밥을 삶고 살아오신 어버이 사랑 우리는 잊지 말아야 합니다

앵산 마루에 떠도는 구름아

국화꽃 향기가 머물다 간 시대 변천 속에 헤매다 거친 삶 살다가 떠나신 분이 어머니 당신이었습니다

메마른 세상 벗어나 시들지 않는 한적한 유계리 서대 마을에 훈훈한 정 담아 두고 가신 분이 당신이었지요

앵산 산마루에 떠도는 구름아 단비 되어 마른 대지 축여서 가꾸었던 텃밭에는 어머니 사랑이 담겨 있지요

귓전에 들려 주셨던 예쁜 국화꽃 향기는 생전에 그렇게도 그리워하셨던 어머니의 어머니 이름이라 하셨지요

어머니 제게는 부모 노릇이

어머니 당신은 산을 넘고 바다 건너 비가 오나 눈이 오나 하늘빛 닿는 곳이라면 자식 위해 날마다 걸었지요

손발 한번 따뜻하게 씻어 드리려 했지만 끝내는 마다하신 당신께 무엇 하나 제대로 한 것이 없습니다

새벽을 일깨운 햇살 같은 분이셨고 바다처럼 넓은 가슴을 품고 고난의 길 십자가 지시고 내색 한번 없이 걸었지요

어머니 제게는 부모 노릇이 이토록 힘이 듭니까 삶의 무게를 벗어 던지고 싶을 때면 어머니 삶 돌아보고 바닷가 홀로 앉아 목이 메도록 어머니 불러봅니다

부모님 재산은 내 것이 아니다

가족이란 멀리 떨어져 살 수도 가까이 살 수도 있다 이것이 인생살이다

부모 형제가 가까이 산다한들 마음이 멀어져 있다면 남보다 못하는 것을

낯선 이국 만 리 살아도 따뜻한 마음을 가진 형제라면 돈독하다

벗들아 욕심의 곰팡이가 부모 형제 등지게 한다 무일푼이라면 돈독하게 살 것을

내가 먼저 마음을 비울 때 화목하게 되고 부모님 재산은 내 것이 아니다

땀과 노력

한평생 가족 위해 빌딩 숲을 쌓아서 잿더미 속에 꽃피운 사람

그대 벗들의 땀과 노력 눈물이 있었기에 오늘이 있을 테지

때론 구름 섶에 가려져 헤매는 벗들이여 강한 정신이 있다면 못 해낼 일 없을 테지

밤낮 뛰어온 삶 부모님이 그랬듯 우리들도 살아온 길 되물림이 될 테지

달과 별을 넘어 저 들녘에 익어 가는 곡식들같이 우린 풍요로운 가을 맞이할 테지

베이비붐 세대

고왔던 그대 이미지는 굽이치는 저 파도처럼 노을빛에 젖어 갈 테지

삶의 언저리에 선 그대 벗들은 인동초처럼 모진 세상 견뎌온 베이비붐 세대였다

세월 속 가족 위해 밤낮 입술을 깨물어온 벗이여 그대들은 땀으로 얼룩진 세상 살았노라

고통 없이 얻는 게 없을 테지 이제 무거운 짐 내려놓고 자연에서 주는 아름다운 연주를 들으며 살아요

귀요미 미소

따르릉 네 무슨 일일까? 귀요미 집에서 차 한잔 하게요 생각만해도 달달한 내 가슴에 꿀물이 흐른다

귀요미 내 손자 예쁜 입가에 미소가 눈가에 스친다 언제부터인가 내 가슴에 달콤한 꿀통 하나 키우고 있나 싶어요

귀요미 가끔 찾는 나를 기억해 주지 않고 기다려 주진 않지만 너를 생각하는 이 순간이 너무나도 달콤한 꿀 사탕이지

귀요미 내 손녀 손자

사랑스런 귀요미 예쁜 손녀 손자는 보물보다 더 달콤한 기쁨이다

입가에 미소를 볼 때면 나 세월의 흔적 햇살같이 지워져 가는 것을

귀요미 아니면 웃을 일 없는 팍팍한 세상사 너희 해맑은 미소가 보물이구나

활짝 웃는 천진난만한 귀요미는 이 세상 복동이 중에 복동이로다

무식자가 따로 없다

오른손이 한 일 왼손이 모르게 하라 걸어온 길 헛되이 하지 말자

높은 위치 금수저로 산다 해도 거만 떨지 말라 무식자가 따로 없다

가진 것 없다 하여 기죽지 말라 자랑거리 있다 하여 가벼이 행동 말자

가진 자에게 달라붙지 말고 보기 싫다 하여 달아나지도 말자

멀리 떨어져 가족이 있다 하여 잊고 살지 말고 가까이 있다 하여 소홀하지 말자

금수저 흙수저 구분 말고 부모님 재산은 내 것이 아니다 목표를 세워 꿈을 향해 용기 있게 도전하자

가뭄에 콩 나듯 찾는 가족보다

고목나무와 같이 산다는 건 외로운 삶이다 그러나 누구도 의지하지 마라 나약함이 자신을 병들게 한다

홀로 서는 습관을 기르고 젊어서보다 더 다듬고 활동하자 삶이 고달프다 느껴도 슬퍼하지 마라 자유로워 더 행복이다

저 하늘 문 열리는 그날까지 일을 찾고 취미생활이든 돈을 버는 일이든 일이 있다는 사실은 선물이다

내가 살아 있음에 감사하고 이웃 간에 참견 말고 가뭄에 콩나듯 찾는 가족보다 매일 살펴 주는 이웃에 늘 감사하자

까투리 가족 우릴 친구 삼았네

올리 사랑 마을 실바람 불어올 때면 시인의 오두막 텃밭에 까투리 가족 찾아들고

이팝가지 사이 곤줄박이 노랑딱새 노랫소리 초록 향기 꽃 피운다

고란이 멧돼지 놀이터 위에 찾아든 낯선 사람들 무이산 까투리 가족 우릴 친구 삼으셨네

갈 향기에 비단옷을 두른 시인의 쉼터 단풍잎이 물들 때면 그리운 친구 소식에 직박구리 새도 즐거워하네

시인의 집 정자에 앉아

시인의 집 정자 그늘에 앉아 산들 갈바람도 나의 벗 친구 하여

욕심 없는 걸음으로 무이산 정상에 올라 나무와 함께 자연의 한 조각 임을 배울래요

우린 작은 존재라지만 갖출 것 갖춰야 할 의무라 자연의 진리 앞에 삶의 지혜를 배울래요

올리 사랑 마을에서 쉼을 취하는 벗들과 대가 없이 밝혀 주는 보름 달빛으로 살다가

별처럼 사랑에 이는 향기처럼 그렇게 그렇게 나 살다가 갈래요

햇살 한 줌에도 감사를

당신은 이름 없는 들꽃으로 살다가 때론 갈바람에 보일 듯 흔들리다가 고란이 몸짓에 놀란 가슴 움켜잡기도 하셨지요

꿈을 위해 목말라 하면서도 몸에 밴 배려로 저 산 너머 구름같이 살다가 사무치는 그리움은 갈바람에 외롬도 받아드렸지요

햇살 한 줌에도 감사를 외친 당신은 산을 넘고 바다 건너 알아주는 이 없어도 늘 온유한 가슴으로 살았지요

완치의 기쁨 맞이할 것이오

봄소식 알리는 복수초같이 언제나 행복을 찾아 길 나
선 삶이 어제오늘 같은데

모질게 아픔 많은 세상 젊음도 빛깔도 익어가는 오늘
고왔던 그 모습은 사진첩에서나 볼 수 있네요

월세방 서러움도 많았다 밤낮 뛰어온 삶이 짧다지만
나 그댈 잊힐리요

항암의 고통에도 웃음 잃지 않으려고 밤낮 입술을 깨
물어 온 사람 그 맘 다 헤아리진 못해도
힘을 내주오

조금만 참고 기다리면 새로운 약 계발되어 완치의 기쁨
맞이할 것이오

머슴 같은 나무라 해도

저문 노을은 지고 또다시 피어 오르건만 인생길 한번 가면 다시 돌아오지 못하나니

머슴 같은 나무라 해도 이 땅에 살다가 그냥 떠날 수만은 없는 것 저기 방풍 나무라도 되어주고 가야지

이 세상 바람같이 왔다 이슬처럼 사라진다 해도 쏟아지는 빗줄기라도 되어서 물이라도 채워야지

나그넷길 떠돌다가 그냥 떠날 수만은 없는 것 나의 삶 버드나무같이 흔들린다 해도 한 톨의 밀알이 되어 주고 가야지

가을빛 닮은 주원

가을빛 닮은 해맑은 미소가 집안 가득 행복을 채운다

햇살처럼 빛나는 주원 맑은 눈망울은 오직 울고 웃는
소통 하나 엄마 아빠 사랑이라

쭈뼛쭈뼛 울다 웃는 입가에 미소가 예쁘기도 하지 처음
맺은 인연 가족 한평생 든든한 울타리가 될 테지

가깝고도 편한 사람 가족이라 감사함 잊고 지낼 때가
있다 가족 사랑하는 마음 주원 우선일 테지

풍요로운 가을 햇살 반짝이는 이천십육 년 시월 팔일
탄생 한 주원 이 땅 위에 겸손한 사랑 펼쳐 나갈 테지

아버지의 소리 없이 흐르는 눈물

아버지의 소리 없는 눈물 한 가정의 가장으로서 당당하게 사회와 직장에서 옳고 그른 것은 그르다고 정직하게 말해야 했다 그러나 아버지로서 말 못 할 사연이 얼마나 많은가 밤낮 고뇌하며 사람답게 살려고 노력했다

세상사 그 무엇과도 견줄 수 없는 것이 아버지의 삶이라 했던가 또한 고난의 길 함께 한 아내와 눈에 넣어도 아프지 않을 아들딸 아버지가 걸어온 그 험한 길 대물림 않겠다는 일념으로 살았다

시작은 미약 하나 희망의 고지 그 목표를 향해 밤낮 뛰었다 지난 삶 돌아보니 엄동설한에 강추위보다 더 추운 것이 인생살이가 아니던가 한평생 꿈이었던 작은 빌딩 하나 세우진 못했어도 언제나 제 곁에 후원해 온 아내와 보석 같은 아들딸 사위 손자가 있었다

가족들 보면서 마음을 다잡고 복잡한 세상 바위보다 무겁기만 한 삶 힘들다고 마다할 수 없는 것이 가시고기 같은 삶이 아닌가 이렇듯 울고 울어도 소리 없이 흐르는 아버지의 눈물은 날이 가고 달이 가고 해가

갈수록 목이 메인다

고난 속 용기 잃지 않고 열정을 다 해 살았건만 힘겨운 삶 무엇 하나 쉽지 않은 한 가정을 짊어진 아버지로서 인내하며 의무를 다할 뿐 이렇듯 혼자 목놓아 울고 울어도 눈물 보일 수 없는 아버지의 삶 하늘만 알고 가슴으로 울고 아버지는 고달프고 고독한 삶이었지만 아들딸 며느리 사위 손자 손녀가 안겨 주는 기쁨이 있어 최선을 다하며 살아간다

욕심 없는 걸음으로

뒤뜰에 피어난 단감나무는 해거리도 하건만 당신의 햇살은 어찌하여 쉼 없이 떠돌기만 합니까

그대 당신은 저 해처럼 열정을 다 해 산다는 것 쉬이 어렵겠지요

그러나 우리들도 최선 앞에 꿈은 머지않아 밝은 날들 맞이할 것이오

모래알 속 진주같이 아름다운 사람들 저 해처럼 욕심 없는 걸음으로 이웃 돌아보며 우리도 살아요

2

산다는 것 쉬 힘겹지만 두드릴 때 문
열릴 것이오 새들이 나뭇가지 앉아 지
저귀는 것도 삶이 외롭기 때문이오

광야 같은 세상

광야 같은 세상 고난의 삶 춥기만 한 벗들이여 얼어붙은 회색의 숲을 벗어나

시인의 쉼터에서 흙내음과 함께 피톤치드 향기 마셔 보아요

올리 사랑 마을 시인의 노랫말처럼 하나님이 주신 평안과 산새가 노래하는 이곳이 우리의 낙원이오

편백 숲에는 뻐꾸기 구구절절 구슬픈 노랫가락이 결 고운 잎사귀마다 그윽한 향기 뿜어서 벗들과 행복을 나눌 것이오

은혜

가진 자나 빈손 다 같은 인격체다 서로가 존중하는 사회 가진 자는 빈손 얕보지 말라

빈자는 가진 자에게 곁눈질하지 말고 그 가슴엔 고뇌와 땀이 배어 있다

빈자는 작고 크기를 떠나 은혜를 받았거든 감사함을 늘 보답하자

너를 잊힐 수가 있을까

하늘 높이 흐르는 저 구름의 층계를 보라 쏟아져 내린 빗줄기는 애달픈 눈물이다

손수건 가슴에 안고 눈물 닦지 못한 나의 안타까움이 눈을 감지 못하는 너를 잊힐 수가 있을까

삶의 기로에 서서 그 바닷가 꽃이 필 때면 출간을 축하드린다는 네가 젊어서 울고 열심히 산 기억만 남겨놓고 가 울고 이 밤도 창밖에 비가 내립니다

그리움에 목마른 새들도 적막 속에 세월은 가고 가슴에 맺힌 눈물 손수건 꺼내어 이제 닦으렵니다 저 하늘나라에서 못다 한 꿈 이루어 편히 쉬소서

톡이 날아들 때면

벗들이여 머릿속에 할 일이 많아서 해가 저물어 가는 줄 모르고 길 나선다

따스한 봄기운을 기다리는 사람 찬바람이 시리도록 몰아쳐도 소박한 꿈을 위해 앞만 보고 뛰었다

창가를 두드린 빗줄기 소리 첼로 연주 같은 톡이 날아들 때면 가벼운 걸음으로 내일을 기약하며 쉼을 취하리라

산다는 것 쉬 힘겹시반 두느될 때 문 열릴 것이오 새늘이 나뭇가지 앉아 지저귀는 것도 삶이 외롭기 때문이오

친구 된 이웃이 재산

사람은 인성을 갖춘 이를 만나야 행복이고 꽃과 나무는 기름진 토양을 만나야 그 빛을 발한다

벗들과 만남의 인연도 따뜻한 미소가 행복이고 고운 인성을 갖춘 이웃을 만나야 기쁨이다

칭찬하는 입가에는 즐거움이 배가 되고 부족한 점 채워주니 행복이다

세월이 가면 사람이 그리워지고 친구 된 이웃이 재산이고 벗이다

여자는 고운 미소로 늙어간다

나이가 들어갈수록 품위 있게 늙으면 청춘보다 아름답다 했다

남자는 가족 위해 밤낮 고뇌하며 가슴으로 울고 참된 생활과 행동이 품위 있게 늙게 한다

여자는 고운 미소로 늙어 꽃을 피우고 세월 흘러갈 수록 참된 삶이 아름답게 빛난다

들녘에 벼를 보라 날이 갈수록 황금빛 열매 맺어 익어간다

그대와 나 배려하는 마음 따뜻한 그 마음 깊이가 품위 있게 늙게 할 것이다

외다리 허수아비 친구여

뜨거웠던 여름 햇살은 갈바람에 머리 숙이고 외다리 허수아비 들녘을 지킨다

지저귀는 참새 소리 외다리 허수아비 깔깔 웃다 바람결에 옷자락 벗겨져 부끄 부끄러워라

길가에 핀 코스모스 바람에 흔들릴 때면 외다리 허수아비 빈 웃음에 벌나비 반질한 사랑이 흐르고 흐르리

외다리 허수아비 친구여 그대 임은 어디에서 이 풍요로운 가을 햇살 아래 익어 가고 있을까 보고 싶어요

부족한 친구입니다

나 길가에 우직하게 선 느티나무라면 그대 위해 그늘이 되어 드리고 싶어요

나 이름 있는 이 나라 치유의 손이라면 그대 아픈 상처 어루만져 깨끗이 해 드리고 싶어요

나 금수저로 태어났다면 자선 사업가가 되어서 그대 위해 빌딩을 지어 드리고 싶어요

나 그대 위해 그 무엇 하나 채워 드릴 것이 없는 부족한 친구입니다

나 그대 고운 임께 드릴 수 있는 것이 하나 있다면 오직 위로와 사랑이 아닐까 싶습니다

집착하지 마라

벗들이여 세상살이가 어렵다고 또 행복하다고 응석 부리지 마라

부를 누리고 싶은 것도 위대한 위치 오르고 싶은 것도 삶의 무게도 다 욕심이다

내가 베푼 일 집착하지 마라 감사할 줄 모른다고 상한 맘 머물지도 마라 아니 한 것만 못하리라

사람이 사람을 좋아하는 건 당연한 일이나 지나치게 좋아하는 것은 괴롭고 슬픈 일이 돌아온다

산다는 건 어려운 일 아니다 너무 좋아하지도 너무 미워하지도 않는다면 괴롭고 슬픈 일은 돌아오지 않을 것이다

낮아지면 높아진다

겉모습만 고귀한 척하는 사람 시선은 끌지만 속빈 강정이다

속마음이 따뜻한 사람은 남의 상처 아픈 사연 데워 주는 것을

자신의 말만 내세우는 사람은 친구가 따르지 않지만 참된 사람은 친구가 따른다

겉모습만 고귀한 척 말만 내세우는 사람이 혹 나 자신이 아닌지 돌아보자

위대한 인물은 이 세상에 따로 없다 낮아지면 높아진다

최선 앞에 봄날은 온다

인생사 역사 속에는 온갖 전염병과 굶주림 탈피 위해 싸우며 끝없는 생각과 연구로 뛰었다

인간 본능은 생각하기를 싫어하는 존재라 했다 성공의 비결은 생각을 통해서 좌우된다 부정적인 생각은 가시 밭길 험한 길이 될 것이오

항상 기뻐하라 긍정의 자세로 고지를 달려서 목표를 선점하라 무한한 두뇌는 그냥 버려두면 방향키를 잃게 된다

입술을 정복하라 부자든 가난한 사람이든 장미꽃도 가시가 있듯 바람에도 향기가 있다 겸손하라 세상 탓 마라 늘 최선 앞에 봄날은 온다

한 송이 꽃을 피우기 위해

청춘을 간직한 벗이여 도전이란 모험이다 그 어떤 고난 앞에서도 목표가 있을 때 꿈은 이루어진다

청춘이란 나이가 아닌 정신세계다 열정을 낳는 사람이 정상에 오를 것이오

한송이 꽃을 피우기까지 모진 비바람 부대끼며 고난 앞에 묵묵히 목표를 향해 뛰어온 그대들이 있어 세상은 변한다

장미꽃

장미꽃 줄기엔 가시가 있다 가시는 삶 속 일어나는 고통과 용기를 일깨워 주는 아름다운 친구다

곱게 몽우리 맺어 탐스럽게 핀 장미꽃 새로운 삶의 도전이며 열정은 행복을 안겨줄 선물이다

봄날에 맺은 열매는 성숙해 가는 우정이며 가을 하늘 풍요로운 사랑은 벗들의 삶을 윤택하게 결정할 것이다

담아두면 썩게 된다

살다가 보면 상한 마음 가슴에 담아둘 때가 있다 흐르는 강물 위에 띄워 보내자

향내음 피우는 화사한 꽃잎도 병에 꽂아두면 시들어 썩는다 가슴에 맺힌 사연 담아두지 마라 생명 단축한다

무지갯빛 맑은 물도 담아두면 썩게 된다 한 맺힌 사연 담아두지 마라 주름진 바다 위에 날려 버려라

모자란 듯 배려하고 겸손하라 너희 따뜻한 가슴에 상처가 쌓이지 않을 것이고 삶이 복될 것이다

노래하는 햇살

우리네 짧은 인생 추억처럼 사랑처럼 외로웠던 지난 삶 저 하늘별들 사이 내가 서 있다

인생사 누구나 존경받아야 할 사람들과 함께 살아가야 할 짧은 길이기에 우린 서로 위로하며 살았다

자신만 더 채우려 앞만 보고 뛰어온 삶 굽이치는 파도 위에 띄워보내고 노래하는 햇살이 되어 행복을 누리리라

인생길 위로받은 삶

사람이 그립고 외로울 때면 하루해가 길기만 합니다 해는 저물어 내 얘기 들어줄 친구가 있는가요

사람은 혼자 살 수가 없기에 더불어 살고 함께 어우러져 소중함을 깨치고 때론 의견 차로 발전도 하지요

우린 가진 건 부족해도 내 육신 온전함에 늘 감사하면서도 때론 이루지 못한 안타까움이 모든 걸 놓아 버리고 싶은 날이 있지요

이렇듯 수많은 사람 어려운 이웃 보면서 인생길 위로받은 삶이었다고 시인은 말합니다

빛진 게 많은 삶이었다네

서늘한 숲길을 걸어서 익숙한 정상에 오르니 해는 저물어 무정한 세월은 짧기만 합니다

서산에 지는 해는 다시 떠오르건만 우리네 햇살은 지워져 가는 것을 아니 조금씩 익어 가는 것이라네

여보게나 친구 밤하늘에 조용히 별 헤아리듯 지난 삶 돌아보니 슬픈 언어가 이 밤을 지새우게 한다네

사랑 받기 위해 태어나 잊혀 가는 세월 뒤돌아보니 그대 벗들에게 빛진 게 많은 삶이었다네

무심한 세월

햇살 고운 아침 미륵산 정상에 오르니 삼삼오오 빛나는 섬 가슴이 트여오는 저 바다

세월 탓일까 걸음 걸음 한해가 달라져 가는 것을 지난날 함께 땀 흘린 벗들이여

이곳 미륵산 산새가 노래하는 아름다운 연주를 들으며 젊은 날의 향수를 나누고 싶소

함께 한 벗들도 하나둘 떠난 빈 벤치에는 가을 숲 낙엽은 떨어져 무심한 세월은 흘러만 갑니다

벗들이여 젊은 날의 삶을 돌아보자 칼바람에도 담대했다 다시 시작이다

무엇이 이토록 앞을 기릴까

바닷물은 늘 변함없이 푸르다 그러나 세상은 변하더라
삶이란 오르막이 있다면 내리막이 있다

부자는 그저 오는 것이 아니라 용기와 인내 도전 고뇌
의 걸음이 있었다

벗들이여 시대 변천 속에 햇살은 늘 우리 주의를 다녀
간다

세월 지나 돌아보면 나를 슬프게 한다네 무엇이 우릴
이토록 앞을 가릴까

보라 민들레꽃 음지 뜸에 피어나 홀씨 되어 양지 뜸에
꽃 피운다

비움의 걸음으로

햇살 위에 쏟아지는 빗속을 혼자 걷고 걸어서 저 창가를 두드린 빗물도 강으로 바다로 혼자인 걸요

그대 당신과 내가 쏟아져 내린 빗줄기를 닮은 듯 언제나 홀로 앞만 보고 먼 길 걷고 있는 걸요

빗물처럼 흘려보낼 수 없다는 것이 비우지 못한 안타까움이 아닌가 싶어요

바람처럼 왔다 갈댓잎처럼 흔들린다 해도 저물어 가는 노을빛처럼 이제 비움의 걸음으로 우리 살아요

최선의 노력

청초록빛 물든 숲길을 따라 나 혼자 걷고 걸어서 돌아본 지난 삶 무엇이 최선이었던가

꽃이 피는 봄날 맞이 하기까지 나의 삶 피와 땀이 요구되었다 그것이 봄꽃을 피우는 데 최선의 노력인 것을

긴 세월 함께 한 고향 같은 벗들아 뿌린 만큼 거둔다는 진리 앞에 최선을 다한 그대들의 노력이 성공 그 자체가 아닌가

3

저 하늘 별 눈 사이 피어난 노동자
의 소박한 꿈마저 송두리째 앗아간
슬픈 노을이 그렇게 흘러만 갈까

8.7년 함께한 그 꽃다운 청춘

긴 세월 땀 흘린 일터 고난 속에 빛낸 사람들 텅 빈 세월은 벗들의 가슴 쓰리게 할 테지

존경받아야 할 벗들아 드러내고 싶지 않은 슬픈 추억들 가슴 깊이 속내하고 있을 테지

자신을 다독이고 걷고 걸어가야 할 길이기에 새로운 길 열어 가야 할 테지

한평생 몸 담아온 일터를 걷고 있는 그대의 뒷모습이 슬프지만 8.7년 함께한 그 꽃다운 청춘 그 우정 잊지 못할 테지

벗들의 빈 자리

젊은 날의 내 청춘을 이제 접어두고 세월 앞에 하얗게 피어난 갈대 꽃 웃음에 스쳐 간 벗들이여

뜨거웠던 여름 햇살은 갈바람에 밀려가고 적막한 겨울 맞이하니 블록 끝 어디메서 눈시울 적시 나니

긴 세월 위로받지 못한 슬픈 추억들 후회도 원망도 훌 날려 보내고 썰물에 밀려간 벗들의 빈 자리마다

철새 떼 스쳐 가고 부러울 것도 욕심낼 것도 없이 아쉬움 접어 두고 떠나렵니다

금가루만 채워야 성공한 삶인가

낮게 누운 풀꽃도 이름 하나 몰라도 꽃술을 피우고 때가 되면 고개 숙인다

금가루만 채워야 성공한 삶인가 높은 의자에 앉아야 위대한 사람인가 겉치레만 반질하면 성공한 삶인가

사람마다 꿈을 위해 문 두드리고 고된 삶에도 배려와 사랑 그 어떤 현실에도 나름의 철학이 있다

산들에 풀잎도 어느 누가 알아주지 않아도 그 무엇 하나 넉넉한 삶이 아닐지라도 최선 앞에 늘 행복은 온다

빛바랜 안전화 끈을 조인다

이 밤 호젓한 가로등 불빛 아래 가을 하나 걸어 두지
못한 마른 일터

밤낮 생명 걸고 우직하게 일만 한 게 죄였던가 가시밭
길 헤매야 할까

청춘을 다 쓰고 쌓아온 금가루는 계절의 틈새를 벗어
나 수만 리 길 헤매는가

비람 소리 새소리 시시비비는 야옹이 앞에 생선가게였
던가 짓물러져 가는 일터 우리가 나섰다

겹겹이 쌓인 구름의 층계를 벗어나 빛바랜 갈색 안전화
끈을 조인다

노동자의 자존심

밤낮 봄날 기다려온 벗들이여 우린 약속의 빵을 하염없이 기다렸다

기름때 묻은 작업복에 희망의 돛 달고서 긴 항해 끝에 만선의 깃발을 세웠건만 슬픈 추억만 떠돌까

저 하늘 별 눈 사이 피어난 노동자의 소박한 꿈마저 송두리째 앗아간 슬픈 노을이 그렇게 흘러만 갈까

지난날 땀의 결실이 헛되지 않도록 알곡과 쭉정이를 가려서 반석 위에 세워 노동자의 자존심을 지켜야 하리라

조선소의 밤

용접 불꽃 피어오르는 조선소 밤하늘 호젓한 달빛이
은은히 비춰나니

겹겹이 쌓인 철 구조물 위에 쪼그리고 앉아 쇳가루로
밝힌 수많은 불꽃이 밤하늘의 별눈같이 비춰나니

늦은 밤 쉼을 위한 시간 홀로 빈 허공 위를 바라보니
가족 위한 사랑이 눈물겹도록 슬프나니

이 밤 일터를 떠도는 뜨거운 열기는 새벽을 맞이할까 기
름때 묻은 벗들의 얼굴엔 노을빛이 흐르나니

빵을 키워 나눠 갖자 외치더니

오늘도 무거운 걸음으로 출근길 나선 벗들이여 일등의 자부심 가진 일터 욕심의 비린내가 연일 진동하느뇨

젊은 날 불태운 땀의 결실이 수만 리 길 허공 위를 흩날아 연약한 노동자만 쓰린 가슴 안고 살아야 할까

구름 숲에 가려진 어둠의 터널에서 훗날 일어날 일들 잊고서 본이 되어야 할 사람들 빵을 키워 나눠 갖자 외치더니

슬픈 추억만 허공 위를 떠돌까 그대들의 도덕적 떨어진 신뢰는 갈바람에 헤매다 구름 숲에 가려질 것인가

명예로운 은퇴까지

삶의 길목에 서서 누가 누구가 떠민다고 밀려갈 수 없는 것이 노동자다

끊임없이 새로운 것에 도전하고 연구 노력하여 안전한 일터 자부심을 가졌다

배 만드는 고향 같은 벗들아 쇠붙이에 매단 몸 위험 무릅쓰고 일하지 마라 귀중한 내 생명 내가 지키자

일터에서 한 해를 보낼 때면 동료의 슬픈 사연 눈물로 보낸 사연이 얼마나 많았는가

안전 수칙은 기본이다 철저히 확인하고 지켜서 명예로운 은퇴까지 동료 생명 내 생명 내가 지킨다

동료 위해 무엇하나

햇살 위에 비는 내리는데 무엇이 이토록 메말라 갈까
만나고 헤어진 상처가 많아서

이만큼이나 배려하고 지켜주고 안아준 자연의 진리를
보지 못한 오늘처럼

한평생 일터에서 동료 위해 무엇하나 진심을 다 해 박
수 쳐 준 적 없는 경쟁 속에 머언 어제로 두고 살았다

벗들이 그리워 이름 없는 항구에서 불러봐도 내 마음
닿지 않는 그곳에 나의 육신 에메랄드빛 강가에 이를
때까지

흐르는 물결처럼 노년의 그리움처럼 비는 오늘도 내리
지만 내일의 희망이 있기에 일어섰다

누가 이 한 서린 노동자에게

오늘도 운명처럼 작업복을 다 같이 입고 의무를 다하는 벗들이여

쇳가루 벗 삼아 청춘을 다 쓰고 혹한의 칼바람에 생명고리 의지한 채 노동의 꽃을 피운다

엄동설한 한파보다 더 매서운 것이 풀지 못한 안타까운 꿈마저 휘몰아간 일터 오늘도 입술을 깨문다

지난날 겪었던 상처와 시련 찬바람 불어도 인간답게 살아보자 희망의 끈을 잡고서 내 청춘을 다 바쳤다

오늘도 생명 고리 어깨 위에 두르고 기름때 묻은 안전화 끈을 조인다

누가 누구가 이 한서린 노동자에게 명퇴란 슬픈 추억을 안길 것인가

노동의 꽃을 피운 사람

세상 머무는 동안 만나고 헤어진 사람들 한순간이나마 감사를 외쳐보자

저 높은 고공 작업장에 몸을 맞긴 생명 샘보다 외로움에 몸부림치는 이들 상처가 깊으리

한평생 땀으로 얼룩진 일터를 지켜온 선배님들 몸부림을 잊어선 안 될 것이다

수많은 어려움을 딛고 인내하며 일터를 지킨 벗들은 8.7년 들풀처럼 일어나 노동의 꽃을 피운 선배들이다

별이 빛나는 장승포 항구다

별들 사이 누비는 장승포 항구다 거제도 역사 앞에 섰다 국토의 아픈 상처 가슴에 안고 흥남 철수 작전은 여기 생명의 닻을 장승포 항구에 내렸다

거친 파도를 넘어 메러디스 빅토리호는 하늘이 내려준 생명의 꽃 김치 5명을 선생에서 잉태했다 고요한 섬 1만 4천 명의 피난민을 정착시킨 항구는 역사의 거울이다

호국 평화 공원이 피어나 아픈 역사 가슴으로 안아준 아름다운 장승포 항구라 했다 역사 속 옛 선인들이 질긴 생명 문을 열었고 물안개로 다리를 세워 26만의 이웃이 되었다

우리들은 625참전 16개국을 지켜보았다 지구촌에서 가장 신뢰받는 국가 국격을 높일 것이다 모진 비바람 속에 고뇌하며 무지갯빛 배를 만들어 너와 내가 하나 되어져 하늘별이 되었다

지금도 깃발은 장승포 항구 바다 위에 별빛으로 휘나른다 거제도 역사는 하늘 향한 날개로 남아 행복한 삶을 누릴 것이며 영원히 빛날 것이다

장승포 항구 카페 앉아

거제도 장승포 들어서니 쪽빛 바다가 푸르다 은빛 숭어 떼가 춤추는 항구 밤이면 벗들이 쉬어가고 아침이면 솟아오르는 일출을 맞이 한다

벗들과 장승포 항구 카페 앉아 커피 향 마주하며 돌아본 항구 육이오 피난민의 아픈 추억이 서려 있는 곳이다

생사 갈림길에서 수많은 사람 생명의 은인 메러디스 빅토리호 급박한 현실 앞에 새 생명이 탄생한다

항해 중 배 위에서 탄생한 김치 5명 중 한 사람은 장승포 항구에서 오늘도 구름꽃 향기로 사랑을 전한다

아픈 역사 가슴으로 안아준 섬 고난의 긴 여정 길에 나라님을 탄생시킨 굽이치는 섬 700리 해안선을 돌아 고난의 세월 끝에 돌아온 지심도 동백섬을 가리라

그 촛불 그 신선한 태극기가 되어 기도합니다

혹한의 추위를 겪지 않고 꽃 피울 나무가 있던가요 이 현실이 차가울지라도 모두가 열매 맺기 위함입니다

지난 세월 돌아보니 얼어붙은 눈물이 울어 버린 매서운 추위에 나라 위해 기도하지 못한 삶이 아니었나 싶습니다

오늘도 찬바람이 휘돌아치는 찬 겨울날이지만 얼지 않을 마음의 샘터 나라와 일터 위에 춥지 않을 겨울을 견뎌 내기를 기도합니다

차가운 바람에도 꺼지지 않는 촛불은 타오르고 춥기만 한 나라 걱정하는 사람들 스스로 몸을 태우는 그 촛불 그 신선한 태극기가 되어 나라 위해 기도합니다

소풀산 돌담길 펜션

산들 갈바람에 햇살 한 줌 싣고서 갈댓잎 하얗게 나부낄 때면 소풀산 돌담길 펜션 뜰 위에

임 사랑이 걸린 가녀린 감나무 가지마다 그리움 익혀서 속삭이며 나그네 반긴다

연한 갈바람에 감 잎사귀 나부낄 때면 삶의 무게를 여기 내려나 보아요

창밖 물고기 떼 뛰놀고 갈빛 닮은 푸른 물은 임 사랑 담아 흐르고 흐르리

소풀산 풍경에 쌓인 넓은 뜰 위에 고풍스러운 한옥 끝자락 어디메서 풀벌레 노랫소리 임 사랑 담아 걸음걸음 행복해집니다

예술의 고장 통영

고요의 아침 청록빛 속살 내민 모래알이 뱃길 열어간다

푸른 파도를 넘나드는 새하얀 요트는 바람결에 뱃살
내밀고 돛대에 꿈을 실어 나르는 여기가 예술의 고장
통영이라 했다

까맣게 물든 밤이 오면 리조트 뜰 위에 별들이 쉬어가
고 달이 지면 햇살이 피어나 은빛 멸치 떼 춤춘다

미륵산 철쭉은 비단옷을 갈아입고 물안개 거칠 무렵
창가에 찌면 내민 고깃 배들은 한 폭의 농양화라 했다

아침이면 봉긋 솟아 붉게 타오르는 일출을 맞이하며
갯내음과 함께 물보라 연주를 들으며 쉼을 취하리라

치유의 산 갈모봉

치유의 산 갈모봉 편백나무는 비바람에도 상념하지 않으며 늘 푸르다

가을엔 낙엽만 보아도 쓸쓸한 것을 멀어져 가는 것이 많아서일까

계절 내 피톤치드 향기 뿜어서 오색 빛 두른 벗들 가슴에 안아주는 산이다

온갖 꽃들이 피고 지고 산새들이 쉬었다 가는 그 숲길에 붉게 물든 잎새 그 속삭임 너울에도

경남 고성 갈모봉 산림 욕장 편백나무들은 삶에 지친 벗들 어루만져주는 치유의 산이다

그 신선함에 밝게 담소하는 사람들 자연의 순환 위치에 숙연해집니다

달아 공원

숙이는 달아공원 들어서자 푸른 바다를 내려다보고 있었다 와~ 저기 섬들 봐 바다 위에 마주 앉아 속삭이고 있잖아

나는 오랜만에 고향 바다를 보았고 숙이는 처음 여길 온 것 같았다 저 새섬은 새가 많은가 봐 곤리섬도 옛날엔 고니섬이래 하늘에서 보면 고니 새와 닮았대요

파도 소리도 참 좋다 철수 씨 우리 바닷가에 앉아 낚시도 하고 생선회도 먹고 유람선도 타고 물보라 연주도 들으며 차 한 잔의 여유를 가지고 일주일만 쉬어 가면 안 될까

좋긴한데 계획 잡아 담 휴가 때 어때요 섬 생활 외환도 들어보고 곤리섬 잣밤 나무 숲길도 걸어보고 추억도 남기고 좋아요 그럼 우리 약속했어요

거제도 해금강 비경은 예술이다

해금강 바다는 푸르다 벗들이 머물다 간 여기가 함목
바람의 언덕이라 했다

철썩이는 바다 거친 파도 위에 바람 한 잎 싣고서 하얀
풍차는 삶에 지친 벗들 위해 쉼 없이 돌아간다

갯바위 부딪치는 새하얀 파도소리 별들이 반짝이고 달
이 지면 햇살이 돋아 해금강 비경은 예술이다

바위틈에 핀 오색 빛 두른 자잘한 나무들은 황홀함을
자아내고 바위틈에 찌면 내민 낚싯배는 한 폭기 동양
화라 했다

도심 속 닫힌 마음 문 열어 놓고 유람선에 몸을 맞긴
채 갯내음과 함께 청정의 해역을 달린다

올리 사랑 마을

달빛 그림자 아래 바라보니 생명의 물 저수지가 푸르다 벗들이 쉼을 취하는 이곳이 올리 사랑 마을이라 했다

까아만 밤이 오면 올리 사랑 마을에 달이 뜨고 구름꽃 피는 날 실바람 타고 벗들이 하나둘 뿌리내려 천사의 이웃이 되었다

여기 터전을 가꾸는 벗들과 세월의 짐 벗고서 친구 된 이웃과 함께 숨결을 나누며 살리라

벗들과 어울림은 사랑이며 친구이다 콘크리트 숲을 벗어나 시들지 않은 올리 사랑 마을에서 벗들과 행복을 누리리라

섬꽃 축제

파도가 노래하는 거제도 내간리 양지 뜸에 핀 섬꽃 축제

나비 타이 맨 국화꽃 향기 애기풀꽃 반기네 갈 햇살에 봉긋 솟아오른 섬꽃 축제

노랑나비 하늘 햇살 타고 고운 빛 향기 찾아 살포시 내려와 입맞춤하네

그리움에 목마른 국화꽃 몽우리 하아얀 미소에 모두가 즐거워하네

갈모봉 펜션 정자에 앉아

갈모봉 오르니 줄지어 선 청록빛 편백나무 초록 향기 꽃피운다

푸른 산들 이름 모를 산새와 벗들도 쉬었다 가는 여기가 갈모봉 펜션이라 했다

삶 속 몸과 마음이 지쳐 외롭고 슬플 때나 즐거울 때도 나의 손 잡아준 생명의 숲

잎새에 이는 그 진한 피톤치드 향기가 아픈 상처 안아주는 치유의 산이다

오늘도 벗들과 갈모봉 펜션 정자에 앉아 담소 나누며 숲과 숨결을 나누리라

파도를 베고 앉은 곤리섬

파도를 베고 앉은 곤리섬 해안가 폐허가 된 작은 오두막집 시인의 옛 체취가 남아서

뒷산에 올라 묏등이 마른 잔디 끌어모아 아궁이 불 지펴 고구마 구워 먹고 연 날리던 그때를 나 잊힐라

집 앞 모래 위에 갯지렁이 잡아 돛단배 타고 낚시하던 그때를 잊힐리요

꽃이 피고 진 세월은 가고 고우셨던 그 속삭임이 귓전에 선한데

보고 싶고 보고파서 저 등대 너머 파도 위에 그리움만 일렁인다

거제도 우정 다방

젊은날의 푸르던 임의 긴 머리결은 새하얗게 피어나 우아하게 익어 있겠지요

봄볕에 피어난 영롱한 꽃보다 잘 물던 단풍잎 봄꽃보다 아름답다지요

흐르는 세월 속 품위 있게 늙어 있을 임의 모습이 보고 싶어요

임이여 창밖 노랑딱새 노랫소리 외롬도 있지만 붉게 물든 가을 축세도 있잖아요

추억의 거제 우정 다방 앉아 커피 향 마주하며 임 현숙 한마디가

추억의 뒤안길로 훌쩍 가버린 37년 돌아본 세월 고우셨던 임 보고 싶어요

동백섬 지심도야

햇살 고운 장승포 항구 부서지는 파도 소리 들어 보소서

방파제 끝자락 어디메서 새하얀 등대 때린 긴 파도가
산고 끝에 적막의 울음 수킬로 저 동백길 열었다

저 바닷길 서럽게도 외롬 안고 기도한 섬 썰물에 속살
내민 암초가 파도를 껴안는다

어두운 터널 벗어나 빛으로 깨운 섬 산고 끝에 돌아온
동백섬 지심도야 그 상처 보름 달빛으로 안으리라

남산에 나 오를 수 있는 동안

남산에 오를 수 있는 동안 실바람 부는 정자 그늘에 앉아 지평선 너머 그리운 숙이 만날 수 있을까

기다리는 건 날이 가고 달이 가도 머릿속에 맴돈다는 건 이 밤도 달빛 그늘이 지면 아침을 맞이하는 건 변함이 없을 것을

바다로 지는 해는 그리움 찾아 다시 솟아 오르건만 날이 가고 달이 가도 기다림에 지쳐 이 밤도 새벽을 맞이할까

꿈속에서 그대와 걷던 익숙한 그 숲길은 매일 밤 찾아드는 그리움을 쫓지 못한 안타까움이 새해를 맞이할까

새 아침

이 아침 양지 뜸에 핀 채송화꽃 눈부신 햇살 안고 한껏 멋 내고 있었다

빨갛게 멋냈던 채송화도 수줍게 다문 입술 노을빛에 지워져 가는 것을

무심한 해님은 어느새 오두산 넘어가고 없지만 또 내일의 새 아침이 있다

햇살은 누구에게나 차별 없이 희망을 열어 주고 네게 기회를 부여한다

꿈을 여는 선택

무이산 단풍잎 물들어 갈 무렵 갈바람 스치운 휘파람 소리

파아란 슬픈 위선이 포장된 험한 세상 애달픈 내 가슴 아프게 하지만

꿈과 희망이 무거운 현실 앞에 젊은 청춘의 삶이 메아리로 남을까

길가에 풀잎을 보라 밟고 밟혀도 다시 일어선다 길은 있다

우연이 아닌 꿈을 여는 선택은 그 속 열정과 도전 인내가 있을 때 행복이 결정된다

4

힘겨웠던 지난날 잊고 살았던 나의 자아
를 찾아 세상도 잠든 고요의 숲길에서
최선을 다한 삶 돌아본다

봄꽃처럼

임의 밝은 얼굴은 언제나 봄꽃처럼 피어나 늘 만나는 사람 행복을 주었지요

이제 중 노년이 되었지만 구름 꽃 향기로 다시 피어나리

옷맵시는 예전만 못해도 나의 정신은 청춘에 남아 꿈은 영원하리

그대와 내가 봄꽃으로 물들어 영원한 친구 되어 세상의 빛이 되리라

봄날은 지나가지만 내년 봄이 또 오고 무한 도전 정신은 청춘에 남아있다

보랏빛 스카프

그녀의 입가에 맺힌 자잔한 미소가 노을빛 닮은 꽃보다 예쁜 날이었어요

그 바닷가 휘날리던 보랏빛 스카프가 그녀에게 어울린 날이었지요

그해 가을 해풍이 휘날리는 조약돌 위에 앉아 그녀에게 고백한 사랑이 아름다운 추억을 남긴 날이었어요

그녀가 그립고 보고 싶을 때면 보랏빛 스카프가 휘날리던 그 바닷가에서 자잘한 조약돌 밟으며 내 마음 걷고 있지요

이별은 싫어요

저기 불어오는 산들바람은 계절을 옮겨 가지만 새끼손
걸었던 우정은 영원하리라 이별은 싫어요

당신과 톡이라도 주고받을 수 있어 행복이고 눈빛만
보아도 그대 맘 헤아릴 수 있어 늘 감사하지요

삼복더위도 이제 갈바람에 흩날아 갈 날도 머지 않았어
요 어느 곳 어느 하늘 아래 있어도 그대를 사랑합니다

무더위에 맺힌 땀방울 식혀줄 시원한 에어컨 바람보다
그대의 포근한 미소가 더 시원하지요

그대 사랑이

나 외로워 눈시울 적신 밤 그대 고운 미소가 내 가슴 속 가득 찼습니다

그대 가슴에 맺힌 간절한 이 마음이 갈잎으로 물들어 가는 것일까

사랑했던 그대는 언제나 제게 용기를 주었고 삶의 열정을 불어 넣어 주었지요

내 가슴에 담아둔 그대 사랑이 어느 곳에서나 영원할 것입니다

임 포근한 미소

저 하늘에 맑고 빛나는 샛별 하나 내 가슴에 심어 두었지요

세상도 모르게 살짝이 숨겨놓은 샛별 밤이면 나 몰래 보고 있지요

가을 하늘 하얀 구름 위를 걷고 있는 내 임 따라 나 종종걸음으로 걷곤 했지요

임 포근한 미소 매일밤 어둠을 뚫고 나 외로울 때 반짝이고 있네요

오늘 밤은 구름 속에 가려진 내 임 미소 볼 수가 없네요 또 내일이 있어 괜찮아요

최선을 다한 삶

초록잎 짙게 깔린 숲길에서 연초록 향기를 마신다

오늘도 열정을 다해 쉼 없이 걷고 있는 걸음은 도전이다

그대 가슴에 얼룩진 땀과 눈물 임이 이루어온 결실의 가을 하늘이다

마른 잎 떨어져 간 빈 벤치 앉아서도 그대는 무엇 하나 놓칠세라 생각에 잠겨 있었다

힘겨웠던 지난날 잊고 살았던 나의 자아를 찾아 세상도 잠든 고요의 숲길에서 최선을 다한 삶 돌아본다

그대와 나

참으로 예쁜 꽃 한 송이 해맑은 갈 햇살 닮아서 그대와 나 식지 않을 갈빛 햇살이 되리라

너를 위한 사랑은 식지 않을 푸른 청춘으로 남아 한 알 밀알이 되리라

이 넓고도 넓은 세상 양지 뜸에 잘 익은 홍시같이 그대와 나 아름답게 익어 가리라

내 청춘아 미안하다

세상사 걸어가야 할 길목에서 고난과 아픔이 앞을 가린다 해도 품위를 잃지 말고 빛나라

맛있는 음식도 간이 잘 맞을 때 맛을 내고 세상사 일에도 간을 보듯 뜨겁게 빛나라

굴곡진 삶에도 두 주먹 불끈 쥐고 계절은 변해도 내 청춘아 빛나라

몸은 천근만근 언제나 일찍 눈을 뜨고 일어나 오늘 일 내일로 미루지 않았다 내 청춘아 미안하다 길이 빛나라

그대 내 청춘아 살아 있는 용기는 누구도 빼앗지 못한다 나의 소중한 삶은 무엇보다 용기였다 길이 빛나라

구름 같은 인생길

우린 언제인가 들국화 향기 그윽한 자연 속 흙으로 돌
아가야 할

진리 앞에 잠깐 쉬었다 가는 구름 같은 인생길이지요

소풍 왔다 가는 그날까지 붉은 장밋빛 같은 열정으로
아름다운 삶을 살아 보아요

더 채우려 한 지난 삶 아등바등 앞만 보고 뛰어온 나날
잠시 잠깐 이웃 돌아보며 우리 살아요

삶의 멘토가 된 사람

길 걷다가 만나고 헤어진 사람 그 속삭임 삶의 멘토가 된 사람

겸손하고 온유함이 입가에 피어나는 생각만해도 힐링이 되는 사람

가진 것 배운 것 많아도 늘 겸손한 사람 낚싯대를 나눠 주기보다 낚시하는 법을 멘토한 사람

언제나 따뜻한 가슴으로 문 열어 놓고 있는 사람 다시 찾아뵙고 싶은 사람

당신과 차 한 잔의 여유라면 인생길 에너지가 될 사람

나의 인생 바람에 구름 가듯

청춘이라 시들지 않을 꽃이 있으랴 가는 세월 영원할 것이라 여기고 앞서니 뒤서니 한 날들이 어제오늘 같은데

젊음도 빛깔도 나의 청춘도 때를 놓쳐 버린 안타까움이 세월 앞에 나의 인생 바람에 구름 가듯 떨어지는 낙엽 같으리

청춘의 꽃이여 예쁘게만 피었다고 시들지 않을 자유가 있으랴 청춘을 낭비하지 마라 갈잎 떨어져간 자리가 짧기만 하단다

잠들기 전 자신을 돌아보라

저기 넓은 바다를 볼 수 있다고 다 같은 눈일까 기본을 갖춰야 사람이다

고목나무라 바람에 흔들리지 않는가 기본을 갖춘 여린 풀잎도 제 자리를 지킨다

사람은 한번 신뢰를 잃으면 되돌리기란 너무나 긴 여정이다

넓은 시야를 볼 수 있어도 한질 사람 속마음은 모르나 철학이 있다면 상대의 입장에서 생각해 보라

우린 자연의 한 조각임을 축복으로 여기고 잠들기 전 자신의 삶을 돌아본다면 소중한 인생길이 될 것이다

온유한 미소

아름다운 산천에 향기 같은 사람 입가에 미소는 새벽을 밝힌다

세상사 괴로운 현실 앞에 못났다고 잘났다고 하지 말고 한 걸음씩 양보하는 걸음으로 웃어보자

타오르는 저 햇살은 수평선 너머 물안개 섶에 가려져도 온유한 미소로 인내하며 밝힌다

우리 조금 더디게 목적지 간다 해도 배려하는 걸음으로 나서 보자

그대 눈빛 속에 무언가 갖고 싶은 그 무엇 하나 속내하고 있을 것을 그러나 비워 가는 마음 그 깊이가 아름답다

삶에 지친 이들 안아 주렴

임이여 길가에 선 느티나무 그늘이 되어 나그네 쉼터가 되어 주렴

가을바람에 황금빛 결실이 묻어나는 풍요로운 걸음으로 메마른 세상 삶에 지친 이들 안아 주렴

어둠의 숲을 벗어나 시기와 질투가 없는 밝은 세상에서 살아가게 안아 주렴

저 하늘 열매 맺어 넓고도 넓은 가슴으로 연약한 이들 위해 빛과 소금이 되어 사랑을 실천하게 안아 주렴

그대 사랑 담아 머물다 갑니다

갈 단풍잎이 물들어 갈 때면 임 향한 그리움이 포근한 둥지가 되었지요

그대와 새끼손 걸었던 갈 공원 벤치 돌아보니 머릿결은 희끗희끗한데 우린 그 흔한 문자 한번 없이 살았지요

못다 한 시간들 아쉬움 뒤로한 그때 그곳에는 잡초만 무성히 피어나 슬픈 추억만 남아 있습니다

그대와 못다 이룬 사랑 가을산 올라 저 하늘 구름 숲에 당신을 묻고 살았지요

오늘도 저 하늘 해맑은 구름숲에 그대 사랑 담아 머물다 갑니다

비 내리는 들녘을 그리워하는 당신

뜨거운 햇살 한 줌 가슴에 안고 피어난 청록의 향기는 임의 숨결이며 사랑이다

여름날 실낱같은 가지 청록빛 잎사귀 매달아 지친 이들 품에 안고 임은 한 줄기 비를 기다렸지요

연일 쏟아지는 뜨거운 햇살 가둘 수 없기에 오늘도 비 내리는 들녘을 그리워하는 당신을 생각해 봅니다

그대 발자국

노을빛 닮은 풍광이 석양 따라 아쉬움 남긴 채 떠난 빈 의자 위에 앉아

세월 가면 잊힐 날 있으려나 날이 가고 달이 가도 여린 햇살처럼 한가락 희망이 노을빛 기대어지는 것을

쌓아둔 간절한 마음 그대가 맞이해 줄까 냉정히 돌아선 그대의 발자국은 빗물에 지워져 가는 것을

세월 흘러 돌아보니 붙들어 주길 바랐던 그대를 잊힐 수 없어 가슴에 맺힌 눈물 햇살까지 그리움으로 돋아나 오늘도 그대가 그립고 보고 싶어요

성숙함이 묻어나는 사랑

가진 것 없지만 당신을 닮을 수 있는 정신이 있고 그대 마음 다 헤아리진 못해도 눈빛만 보아도 읽을 수 있는 눈이 있지요

하루치를 벌어도 희망을 열 수 있는 지혜가 있고 배려하는 마음은 행복을 전할 수 있지요

때론 마음이 여려서 충고할 수 있는 냉철함이 부족할 때가 있지만 가끔은 감동시킬 수 있는 감성이 있지요

그대는 사막의 길 나서는 이를 위해 용기를 줄 수 있고 단소리 쓴소리도 마다하지 않고 성숙함이 묻어 나는 사랑이 있지요

자신을 다스리지 못하는 삶이라면

높은 하늘만 보고 척박한 땅 아래를 보지 못한다면 오만과 편견의 삶이 될 것이며 꿈을 이루지 못할 것이오

자신을 다스리지 못하는 삶이라면 화가 되어 화평을 찾기 어려울 것이며 참된 친구를 만나지 못할 것이오

또한 주의를 헤아려 돌아보지 않으면 지혜로운 삶을 살지 못할 것이며 메마른 갈댓잎 같이 될 것이오

마음 문을 열고 이웃을 돌아보고 자신을 다스린다면 현명한 자의 덕목이 될 것이며 세상에서 존경받게 될 것이오

당신은 늘 푸른 천사 같은 사람

밤낮 걷고 걸어가야 할 인생길에 언제나 함께 걷고 싶
었던 사람

연인 관계가 아니라 해도 언제나 정자나무 그늘처럼 편
한 사람

세월 흘러 삶이 외롭고 힘든 날에도 위로받기보다 먼저
내 마음 토닥여 주는 사람

채워지지 않는 텅 빈 가슴에 애틋한 마음 슬픔에 젖어
있는 날에도 불현듯 찾아와 보듬어 주는 사람

한평생 그리움으로 만나 세월의 뒤안길에서 이별의 눈
물 앞에서도 변함없는 동백나무와 같이 당신은 늘 푸
른 천사 같은 사람입니다

천사 같은 사람

그대는 아름다운 사람 수줍은 듯한 표정에 고운 성품을 가진 사람

마음결이 호수처럼 넓은 사람 서늘한 숲길에서 느낀 신선한 향기 같은 사람 늘 상대 입장에서 배려하는 사람

우리라는 이름으로 늘 부족함을 챙기는 따뜻한 사람
항상 자신이 넘치지나 않을까 겸손함 몸소 갖춘 사람

소유의 기쁨보다 늘 베푸는 사람 정직함이 입가에 묻어나는 온유한 사람 당신은 이 땅 위에 천사 같은 사람입니다

자잔한 이야기 속에 들어가 보자

사람은 나이가 들수록 한적한 산골을 찾게 된다 삶 속에 찌든 상처가 많아서

그러나 세상 속에 소중했던 친구가 얼마나 많은가 잠시 잠깐 불행했던 추억들이 가슴에 남아서

나이가 들었다고 마음도 늙었는가 새로운 세상에서 만남의 기회를 갖자 젊어서 추구한 꿈을 살펴보고 펼쳐 보자

함께 숨 쉬고 푸른 산들 향기가 머무는 새소리 물소리 넉넉함이 묻어나는 자잔한 이야기 속에 들어가 보자

둥글게 우리도 살아요

고요한 바닷가 밤이 되면 조약돌 위에 앉아 귀 기울여 들어 보소서

짜르륵 구르는 자잘한 조약돌 연주가 삶에 지친 나를 안아 주고 있었다

벗들이여 저 넓은 바다 파도 위에 가슴 속 맺힌 스트레스를 날려 보아요

몰아치는 파도도 온몸으로 막아서 역경 속 아름다운 조약돌을 탄생시키듯 둥글게 우리도 살아요

추억의 노트

가을 하늘 흰 구름아 참으로 너는 예쁜 미소를 가졌구나

나뭇가지 홀로 앉은 새처럼 외롬에 슬퍼하지 말라요

영원할 것 같은 우리들 사랑도 끝내는 사무치는 그리움으로 혼자 남아요

내 마음 오늘따라 파고드는 외로움 지우려고 조용히 눈을 감고 아름다운 추억의 노트를 넘겨 봅니다

임의 미소가 햇살에 남아서

입가에 맺힌 임의 미소가 햇살에 남아서 때로는 사무치게 그립고 보고 싶어요

그대는 꿈속에서도 희망의 문을 열었고 하늘이 내려준 멋진 친구였어요

다시 시작할 수 없지만 지난날의 추억 그 발자국 나 잊힐리요

기적은 언제나 내 앞에 펼쳐져 있다고 충고를 아끼지 않았고 긍정의 힘이 도전이라 외친 미소가 멋졌어요

언제나 청춘에 남아

사람은 아름다운 꽃을 피우기 위해 꿈을 찾아 길 나선
다

내 나이를 묻지 말아요 입가에 새겨진 자잔한 주름살
은 세월의 흔적일 뿐 피고 지는 꽃들이 나이가 있는가
요

겨울은 지나고 또 봄이 왔건만 내 마음 청춘에 남아 늙
지 않으니 천리 길도 단걸음에 걷고 있지요

가녀린 어깨 위에 메인 무게가 힘겨워도 희망이 있어 밀
려 오는 외로움에도 언제나 청춘에 남아 있지요

당신 탓도 내 탓도 아닐 텐데

세상사 돌아보니 참으로 눈물겨운 삶 그 깊이가 얼마나 많은가

당신 탓도 내 탓도 아닐 텐데 잊고 살아야 할 인생 주저 앉아 울고 싶을 때가 있다

세월 탓일까 강인한 나였는데 중 장년의 나이가 되어서 아쉬움이 많았서일까

대장부라고 가슴에 맺힌 상처가 없을 소냐 언제까지나 가두어둘 수 없어 또 내일의 희망을 열어간다

5

하늘이 내려준 아름다운 유산 하나
명예보다 온유한 사람 정직함이 묻어
나는 겸손한 사람이 되라네

하나님께 노크해보자

새벽이슬 손잡고 얼어붙은 시장 바닥 앉아 시린 손 호
호 불며 모닥불 한 줌에 온기를 느낀다

인생사 산다는 것 애환이 없을 소냐 따뜻한 손 내민 그
한 마디 시린 손 녹여 주었다 할머니 많이 파이소예

젖은 손 옷자락에 슬쩍 닦고서 때묻은 돈 마수 앞머리
스친 그 눈빛 고단한 하루를 시작한다

연약한 우린 무엇 하나 의지하지 않고서 살 수 없는 것
을 일하기 싫으면 먹지도 말라 하신 창조주 하나님께
노크해보자 오늘도 문 열어 놓고 기다리신다

해거름에 남은 생선 떨이 외친 그 손마디 마디가 고단
한 삶이 묻어나지만 가족 위한 사랑은 늘 즐겁다

하늘이 내려준 아름다운 유산

보이지 않는 바람은 파도를 휘몰아 바닷가 조약돌을
둥글게 한다네

썰물이 빠져간 자리에 선 해오라기 새야 외로워 말아요
가는 세월 산다는 건 울고 웃는 것이 인생살이라네

하늘이 내려준 아름다운 유산 하나 명예보다 온유한
사람 정직함이 묻어나는 겸손한 사람이 되라네

바람이 없으면 파도도 없듯 내가 걸어온 길 남 탓 말고
좋은 경험이라 여기고 살아 숨 쉰다는 걸 늘 감사하며
살라네

하나님이 주신 자연

벗들이여 한해가 또 저물어 돌아보니 우린 작은 상처에도 괴로워했다

그대 벗들과 고난의 삶 그 무게를 짊어지고 쓰린 가슴 안고 역사를 이루었다

만나고 스쳐 간 인연들 수많은 세월 쌓아온 날들 먼저 웃지 못한 것이 욕심이라

이제 자신을 내려놓고 하나님이 주신 자연과 함께 한 알의 밀알이 되어 낮고 낮은 곳을 향해 사랑을 펼치리라

주와 함께이고 싶소

하늘빛 닿는 올리 사랑 마을 끝자락 밤마다 가까이 돋아나는 별들 바라보니 나 단순한 사람이 되고 싶소 산나물 하루치를 캐 하루를 사는 것

고요히 흐르는 물줄기처럼 나 단순한 사람이 되어 내일 먹을 것 마실 것 염려 없이 소박한 텃밭에 씨앗 뿌려 자유로운 영혼이 되어 주와 함께이고 싶소

누구에게도 견줄 수 없고 구속당할 일 없는 새소리 바람 소리 낙엽 밟는 소리 들으며 구들방 달구어 시기와 질투가 없는 여기가 낙원이요

하나님 주관하신 사랑

사람은 남의 일은 쉽게 판단하고 쉽게 정제한다 상대 입장에서 돌아볼 수 있는 마음의 여유를 가져 보자

잘못을 보고서 용서란 대단히 훌륭한 사람이다 때론 피할 수 없는 오해를 받고 씻을 수 없는 상처로 서로가 등 돌리게 된다면 무엇이 남을 것인가

우린 피해를 봤다고 하는 순간 어떻게 하면 정제할 것인가 결국 보복은 부메랑이 된다는 것을 알고 있다

하나님 주관하신 사랑은 오래 참고 시기와 질투하지 않으며 정제하지 않는다 사람은 많은 시험 속 지혜를 쌓는다

하나님이 내리신 비움의 지혜

밤낮 금붙이를 쫓아 헤매니 힘겨움이 배가 되고 삶이 고달프고 채움은 끝이 없더라

하나님이 내리신 비움의 지혜를 깨치니 행복이 찾아들고 자신을 낮추는 삶이 친구가 많더라

채워도 채워지지 않은 그 깊이는 끝이 없지만 마음을 비우니 벗들이 찾아들고 매사에 기쁨이 넘치더라

지나친 욕심은 부모 형제도 없고 하루치를 벌어 하루를 먹는다해도 질투하지 않으니 행복이더라

욕심은 사람을 불행하게 만들고 세월 앞에 추하게 늙고 스스로 내려놓으니 고요한 바람과 같이 복이 찾아들더라

지혜로운 사람은 누가 뭐라 해도 내가 결정 한 일 남탓하지 않고 위대한 자리 앉아서도 겸손과 온유함이 더 빛나더라

하나님이 제 곁에 있었다

제게는 할 일이 너무나 많아서 어깨 위에 멘 무게가 삶에 지친 나를 아프게 하지만

계획한 일 풀어야 할 일들이 많아서 깊어 가는 가을밤 저 하늘 바라보니

제게 불꽃처럼 떠오르는 분이 계셨다 바로 그분은 전지전능하신 하나님이셨다

한평생 길고 긴 사막의 길 걷고 걸어온 길이라 육신은 고단하지만 꿈이 있기에 외롭지 않았다

모진 비바람 속에 지쳐 쓰러질 때도 용기와 희망의 지팡이가 되어 주신 바로 그분 하나님이 제 곁에 있었다

열매 맺게 하신 당신

자연의 신비 속에 일어나는 일상의 일들이 어찌 이리 아름다운지요

영원히 사라질 듯한 길가에 핀 풀꽃도 매화꽃 향기에 겨울잠을 깨우네요

봄소식 알리는 매화꽃 피었다 진자리 향기 뿜어서 열매 맺게하신 당신 우린 고운 빛 향기로 남겠지요

당신의 까아만 눈으로 봄 하늘 붙들어서 우리 사랑이 매화꽃 향기처럼 저 하늘에 남아 행복을 누리겠지요

하나님 무엇이 이토록 힘들게 합니까

흩날리는 구름은 서로가 겹치고 얽힌다 해도 남 탓하지 않고 허물없이 흘러간다

자연은 누구가 주지 않아도 대가 없이 우릴 안아 주고 햇살과 산소를 뿜어주는 고마운 친구다

자신을 낮추는 채찍은 벗들이 찾아들고 이 낮고 낮은 곳에서 후하니 살 만한 세상이 되더라

먹고 마실 것 곳간에 쌓아두지 않아도 염려 없이 날아가는 저 새를 보라

연일 쏟아지는 말 많고 탈 많은 세상 빈손으로 떠날 인생 하나님 무엇이 이토록 힘들게 합니까

주 차마 잊힐리요

저 바다에 누워 파도와 사랑을 나누고 갯내음이 피어 나는 이 낮고 낮은 봄날에 태어나 질곡의 삶 나 시를 쓰랴

눈보라가 몰아치는 외로운 길 인내하며 날마다 담대히 살았다 해처럼 밝게 살면서 맨손이라 가벼운 새가 자유롭게 날 듯 나 깨끗게 하시네

욕심의 곰팡이가 교만의 모자를 씌우진 않았는지 눈시울 적신 긴긴밤 가슴 한켠에 깊은 울림의 시를 쓰게 하시네

주 차마 잊힐리요 골고다 보혈로 씻어 주신 사랑 어찌 나 모르리오 한 알의 밀알이 되어 눈보다 희게 하셨네

하나님께서는 너를 기다리신다

믿음 소망 사랑이 있다면 참을 수 있고 하나님이 곁에 있기에 은혜로운 구원이다

인생길 울고 웃고 한 고난의 길이었지만 좋은 날 복된 날 아직은 다 지나지 않았고 다 오지 않았다

인내는 쓰지만 기다려라 앞날은 무궁무진하다 천지 만물을 주관하신 하나님께서 너를 버리지 않았다

연약한 인간이라 불확실한 앞날을 점초가 되면 자신의 앞날도 예측 못 하는 이들에게 묻지 마라

하나님께 노크해 보자 생명 샘 문이 열릴 것이다 우리의 영원한 안식처 하나님께서는 너를 기다리신다

하늘 문 열리는 날 빈손

강물은 흘러 바다와 마주쳐도 서로 편 가르지 아니하거늘 어찌하여 말 많고 탈많은 세상 만드는가

금수저 흙수저로 욕심의 곰팡이가 연일 쏟아져 뉘우치지 못하는 안타까움이 한스럽다

우주 만물을 창조하신 하나님은 그렇게 시키지 아니하였거늘 시기와 질투 위기주의가 팽배한 세상 만드는가

햇살 고운 명산에 묏등이를 높이 세워 금붙이를 쌓아 권위를 상징하고 입술로만 겸손을 외치는가

자연은 스스로 그늘을 만들지 않는 한 햇살은 늘 우리 주의를 다녀가고 가진 자나 맨손 앞에 늘 스스로 낮춘다

하늘 문 열리는 그 날 빈손 무엇을 가져갈 것인가 높은 직위와 금붙이를 가져갈 것인가 자연에서 주는 복된 하루를 늘 감사하며 살아야 할 것이다

자미원 농장

푸른 산 자미원 농장 어디메서
바람을 기댄 산야초야
휘파람 향기
그윽한 나뭇가지
뻐꾸기 울음소리 외롬도
청정한데

어둠 속 숨 쉬는 천여 가지
산야초 향기 뿜어서
산고 끝에 숙성의 부활 탄생 하였느뇨
그 진한 효소가 생명샘 지킨다

오늘도 새하얀 꽃잎에 이는
향기는 얼룩진 세상
찌든 삶 지쳐가는 생명 위해
해피런 친지들은 지구촌 방방곡곡
그 효험 알린다

해피런 친지 내 손 잡아 주었네

자미원 농장 들어서니 청록빛 미인이
고운 자태 봉긋 맺어 한껏 멋 내고 있었다

얼어붙은 겨울 견디고서
수줍게도 봄볕에 피어난 미인은
푸른 산 가슴에 안고 우릴 맞이 했다

나는 내색은 안 했지만 이렇게 많은
산야초를 처음 보게 되었고 미인은 야생초 효험
하나하나 놓칠세라 힘주어 말했다

참 예쁘기도 하다 여기 봐 참다래와 엉겅퀴
떨기나무가 속삭이고 곤줄박이 새도 노래하잖아
풀잎에 이는 자연의 연주를 들으며
여기 살고 싶다

밤이면 고란이 가족 찾아들고
낮이면 까투리 가족 친구삼으셨네
나뭇가지 앉은 뻐꾸기
구구절절 노랫가락에 해피런 친지 내 손 잡아 주었네

어디선가 있을 복을 찾아

푸르른 내 청춘은 흙수저로 단련된 몸이라 일찍 철이 들었다

낯설고 물서런 외로웠던 삶 비바람 휘몰아쳐도 어디선가 있을 복을 찾아 밤낮 뛰었다

거리로 바다로 들로 산으로 물불 가리지 않았고 고난의 여정에도 용기 있게 뛰었다

역경을 딛고 산업 일선에서 국격을 높인 수많은 베이비붐 세대여 그대 벗들이 흘린 땀과 눈물이 있었다

가난이 죄가 아닌 예술이라

삶 속에 맺힌 땀과 눈물 고난에도 한 송이 꽃을 피우기
까지

목표를 향해 높고 낮은 파도를 넘어 이마에 맺힌 땀 눈
가에 맺힌 눈물

땀과 눈물은 서로가 확연히 다른 결과물을 나타내고
고난 속 서로 공존한다

눈물은 기쁨과 슬픔을 나타내고 외로움을 자아내지만
땀은 삶의 질을 높이고 세상을 변화시킨다

이제는 나의 자아를 찾아 조용한 숲길 걸으며 새소리
바람 소리 세상을 담고 가난이 죄가 아닌 예술이라 말
하고 싶다

네가 내 형제가 되어 고맙고 행복해

사람은 이 세상 태어나 가족과 제일 먼저 만남의 인연 맺어 든든한 울타리가 되어 살아간다 기쁠 때나 외로롭고 슬플 때 삶에 지쳐 힘겨워할 때도 먼저 떠오르는 인연은 가족이다

세상 무엇과 비교할 수 없는 인연이 부모 형제가 아닌가 가장 가까우면서도 머언 거리에서 있을 때가 있다 가깝기 때문에 편하게 생각하고 감사함을 쉽게 잊고 사는 것이 바로 가족이란 울타리다

세상에서 제일 행복한 가정은 일상생활 속에서 이미 천국처럼 삶을 누리고 살아간다는 사실이다 부모 형제 가족을 사랑한다는 건 비움 마음일 때 축복이 찾아 들고 내 삶이 천국처럼 되는 것이다

가끔 가족의 울타리를 돌아보고 부모 형제에게 내 입장에서만 생각하고 서운하게 한 일 혹 있지 않은가? 있다면 늦었지만 용기 내어 용서를 구하라

훗날 나 자신의 행복을 위해 서다 이미 내 아들딸이 보고 배운다는 사실을 알아야 한다

부모님 나이가 될 때면 가슴 속 환이 되어 괴로워 내가 고통받게 될 것이다

본인 스스로 부모 형제에게 감사함을 잊고 살았다면 더 늦기 전에 매서운 스승 노릇을 잊지 않아야 한다 그동안 부모 형제에게 사랑한다고 못했던 말 진심을 다해 고마워 사랑해 하셔야 합니다

형제간 우애 있게 지낼 때 부모님께 효도하는 길
네가 내 형제가 되어 고맙고 행복해 사랑한다고
진심을 담아 전해 보세요
고맙고 사랑합니다

기도

가녀린 나뭇가지 새순 돋아나 갈빛으로 물들어 간 우리들 삶 멈출 수 없는 현실 앞에 살다가 저 하늘 주님 품으로 이것이 시작이고 길이고 진리입니다

여름날 시원한 생수를 마셔도 가슴 녹여 주지 못할 슬픈 사연이 늘 우리 주의를 떠돌기만 합니다 꾸밈없는 갈댓잎처럼 화사한 미소가 가득한 사람들 하나님 사랑이 언제나 향기 되어 살아가게 하소서

겨울날 메마른 가지 햇살 한 줌에도 감사를 외친 사람 넓은 시야를 볼 줄 아는 사람 시장통 싸구려 옷 하나에도 웃음꽃 피운 사람 주님 위로하여 치유의 가정 위해 충만한 삶 살게 하소서

봄 향기에 화사하게 피어난 꽃잎 같은 사람 주님 은혜 가운데 살게 하시고 가족 위해 밤낮 일터에서 가정에서 고운 사랑 실천해 온 사람 질병으로 사고로 병실에서 눈물로 호소하는 사람 몸속 깊이 핏줄을 타고 항암의 고통 속에 웃음 잃지 않으려고 입술을 깨물어 온 사람 치유의 하나님 주님 사랑이 영원토록 벗들의 머리 위에 부어 주소서

바람 한 잎 스쳐 간 산들에 계절이 옮겨 가듯 한순간 아픔만 가는 듯하여도 희망의 끈을 놓지 않으려고 눈물로 밥을 삼키며 기도하는 사람 주님의 사랑이 눈물로 얼룩진 가슴 어루만져 주시고 상한 맘 위로하여 치유의 은사가 있게 하소서

곱게 물든 단풍나무 그늘에서 기도하게 하시고 낮엔 일터에서 밤엔 가족 위해 앞치마를 두른 사람 말없이 흘린 눈물이 강물 같아서 저 넓은 바다를 이루어 갑니다 주님 오늘도 눈물로 기도하고 오직 주님의 말씀에 순종하는 삶 살게 하옵소서

저 바다 물안개 넘어 벗들의 신음 소리 견딜 수가 없어 눈시울 적신 일 내 옆에 살아 숨 쉬고 있어 주는 것만도 감사하며 기도하는 사람 주님 눈물로 상처받은 마음 위로하여 주시고 치유의 하나님 믿습니다 고난 앞에서도 하나님을 섬기고 주님의 손발이 되게 하옵시고 병마와 신음하는 벗들 인도하여 주시는 전지전능하신 하나님 사랑이 있기에 희망이 있습니다

제게 견딜 수 없는 고난이 와도 주님 앞에 예배하고 주님 마음 머무는 곳 어느 곳이든 쉼 없이 달려가 사막의 길에서도 주님만이 의지하는 축복이 있기를 예수님 이름으로 기도드립니다

– 아멘 –

*사고로 질병으로 아픔이 많은 벗들에게 띄우는 기도
2017. 가을 시인 : 이일문 집사

미소 짓는 사람

한질 안 되는 사람 속마음은 알 수 없으나 미소는 그 마음 녹여 낼 것이다

투자하지 않아도 웃는 얼굴엔 기쁨을 주고받는 이의 마음도 행복해진다

지친 삶에도 그늘진 곳에도 미소는 희망을 안겨 주는 사랑이다

미소 짓는 사람 마주 대할 때면 마법과도 같아서 주는 이도 받는 이도 기억에 남아서

가난한 사람이나 재벌이나 이 세상 누구에게나 미소는 행복을 나눠는 천사입니다

그림과책 시선 168

임의 미소가 햇살에 남아서

1쇄 발행일 _ 2017년 11월 17일
2쇄 발행일 _ 2018년 1월 12일

지은이 _ 이일문
펴낸이 _ 손근호

펴낸곳 _ 도서출판 그림과책
출판등록 2003년 5월 12일 제300-2003-87호

110-814 서울 종로구 통일로 272, 210호(무악동, 송암빌딩)
[무악동 63-4 도서출판 그림과책]
전화 (02)720-9875, 2987 _ 팩스 (02)720-4389
도서출판 그림과책 homepage _ www.sisamundan.co.kr
후원 _ 월간 시사문단(www.sisamundan.co.kr)
E-mail _ munhak@sisamundan.co.kr

ISBN 978-89-94753-66-9(03810)

값 10,000원

이 도서의 국립중앙도서관 출판예정도서목록(CIP)은 서지정보유통지원시스템 홈페이지(http://seoji.nl.go.kr)와 국가자료공동목록시스템(http://www.nl.go.kr/kolisnet)에서 이용하실 수 있습니다.(CIP제어번호 : CIP2017029762)